AF599711

Un murmullo en Nueva York

Este libro ha sido impreso con papel 100% reciclado.

lasturaediciones.com
info@lastura.es

Colección Alcalima, n.º 229
Dirige la colección: Isabel Miguel

Editado en Madrid, España.

Primera edición: febrero, 2024

Depósito Legal: M-1192-2024
ISBN: 978-84-127936-4-2

Impreso en Antequera, Málaga (España)

Elena Arribas Delgado

Un murmullo en Nueva York

Colección Alcalima de Poesía n.º 229

Para quienes vuelan en busca de un sueño.
Para quienes se sientan y lo ven pasar.

Para Sasha, por el mundo real.

UN SUSURRO... MUCHO MÁS ALLÁ DE NUEVA YORK

José Malvís

No encontrareis aquí un prólogo que diseccione su obra cercenando poemas e iluminando versos. Para la autora de este poemario son muy importantes tanto la sorpresa como la manera de confeccionar este lienzo que se llama poesía. Por ello, no romper el ritmo ni apresurarse en la transmisión de su trayecto, es una máxima de este humilde prologuista.

Hay que destacar que esta autora hace trampas en lo que se refiere a los versos que ha creado. Hace trampas como aquellos que beben de la cultura, en su más amplia concepción, para luego ofrecer su propio punto de vista de un modo excepcional y rico. Decía que esta autora hace trampas porque durante mucho tiempo, a parte de ser una ávida lectora de poesía, también fue y es cuentacuentos. Una gran cuentacuentos, una magnífica cuentacuentos que llegó incluso a desarrollarse internacionalmente.

Es por ello que cuando el lector se postra ante su poemario, queda enganchado a una suerte de fábulas e historias, escritas en verso, que recorren los más variopintos escenarios y paisajes. Lugares no siempre físicos que habitan en cualquier mapa o constelación del ser humano. Tenemos entre nuestras manos páginas llenas de estrofas y poemas que nos adentran en la aventura de un cuento, de un cuento que son muchos cuentos y con unos finales sin fin.

Es posible que, si Odiseo hubiera escrito esta obra, se pareciera mucho al viaje que nos muestra la autora en este libro. O que, si Penélope hubiera escrito un poemario, se pareciera bastante a los versos que la autora ha tejido con tanto esmero, plagado de filigranas y matices tan tremendamente naturales y libres. A todas luces queda patente la armonía entre sus diferentes partes, el peso de cada poema y el desarrollo de la obra como un ser vivo, equilibrado, contradictorio e inquieto.

Elena sin hache y sin duda, ha hecho trampas respetando las reglas de un tablero que normalmente condiciona a una sociedad que no suele respetarse a sí misma. Ella lo hace embarcada en una coherencia que nos choca, dejándose llevar hasta las últimas consecuencias por un laberinto de intuiciones, sueños y vivencias que se plasman en sus letras.

Estas estrofas son exponente de las más valientes y atrevidas miradas que se desenvuelven por el huerto de lo casi imposible, intangible e irresoluble; llegando incluso a desmontar y demostrar que la ficción a veces puede hacerse real, los cuentos a veces pueden ser poemas y también los mapas se pueden escribir y reescribir como si de una escultura se tratase, ciñendo belleza, contenido y templanza, hasta coordenadas de las que desconocíamos su existencia.

Es, sin atisbo para el error, una gran poeta con un gran poemario. Un susurro que se hace color, sensación y tacto. Una Nueva York que transita por la ciudad de todas nuestras cabezas pero que pocas veces o ninguna, nos atrevemos a pisar. Elena lo hace y si cruzáis las páginas, con ella de la mano, descubriréis que, si alguien es capaz de tocar un arco iris entre rascacielos, aquí, delante de vuestros ojos, tenéis a quien lo compartirá con vosotros.

Burgos, 7 de enero de 2024

SOBRE ESTE LIBRO

Viajé a Nueva York para encontrarme con un hombre al que había conocido en un avión. Caminando por las calles de Manhattan me sentí extranjera hasta en mi propio cuerpo, con mis propios sentimientos.

No se entiende el amor. ¿Qué significa estar sola?

No se entiende la ciudad, que fascina y devora, que escupe destellos y sombras.

Este libro es el desenlace de esos paseos, de esa búsqueda y tantos encuentros.

Quien que se haya (sentido) perdido alguna vez en una gran ciudad podrá ver su reflejo en este poemario. También quien haya notado su grito como un murmullo y quien necesite creer en el amor: yo no sabía que acabaría casándome con él.

Es mi primer libro de poemas y quedó finalista en el I Premio de Poesía Poetodos y en el XXV Certamen Internacional de poesía María del Villar Berruezo. Aquí aparece salpicado por tres textos en prosa que narran la historia real que esbozan los poemas.

«Que me disculpe el árbol talado por las cuatro patas de la mesa.
Que me disculpen las grandes preguntas por las pequeñas respuestas».

Wislawa Szymborska, *Hasta aquí*

«Aquí no ha muerto nadie nunca.
Aquí nadie morirá nunca.
(…)
Viva y mire vivir».

José Hierro, *Cuaderno de Nueva York*

PONGÁMONOS EN SITUACIÓN

Palmaditas en la espalda. Ella se había cruzado el océano por él y él la recibía con palmaditas en la espalda, en el JFK de Nueva York.

Se habían conocido tres meses antes en otro aeropuerto, el de Atenas. Sí, como en las películas, ella y él se conocieron en un avión. Los dos viajaban solos, volvían de unas vacaciones en Grecia y la compañía aérea se había encargado de sentarlos juntos. Esas cosas pasan, llámalo destino o juego del azar. Empezaron a hablar porque había muchos niños llorando y se intercambiaron una mirada de fastidio y complicidad. Él preguntó: «¿cuál prefieres?» y coincidieron en que el llanto más profundo les gustaba más.

Los temas de conversación fueron surgiendo solos: compararon vacaciones, hablaron de sus trabajos, pasiones, viajes, divorcios, de los miedos que tiene la gente a cambiar de opinión. De la razón por la que es insípida la comida de los aviones, de trucos para no discutir con la almohada, de la vez que él tuvo que dormir en un suelo de Ámsterdam, del caballito de mar que le había hecho a ella un moratón en la pierna, de cómo un idioma tan áspero como el ruso suena dulce en verso, ¿quieres oír un poema? Y él se puso a recitar.

Se aburrían los libros cerrados sobre sus rodillas y cuando se quisieron dar cuenta, faltaban solo unos minutos para llegar a Zúrich, ¿la has visto desde lo alto alguna vez? Parece un baile sincronizado, los coches y los peatones funcionan como un reloj.

Ella tenía solo media hora para hacer escala, él dos. Habían compartido tres horas de vuelo, qué son 180 minutos juntos cuando una vive en Madrid y el otro en Nueva York. Pasearon frente a la puerta de embarque en círculos concéntricos hasta que se quedaron solos, y hubo un abrazo largo y sentido, con dos azafatas al fondo con cara de venga bonitos subís o qué. Subió ella, se quedó de pie mirándola él. Espero que nos volvamos a ver pronto, dijeron, con la misma esperanza con la que se pide un deseo a una estrella fugaz.

Pero sucedió. Con correos electrónicos tendieron un puente durante semanas y al final ella lo cruzó. Atravesó el océano sin saber qué iba a encontrarse al otro lado, pero te arrepientes más de las cosas que no haces que de las que llevas a cabo, y alguna vez en la vida hay que visitar Nueva York.

POR LAS CALLES DE MANHATTAN

Quién pudiera desayunar diamantes

Hoy habría sido el cumpleaños de mi madre.
Si estuviera
ella viva y yo en Madrid
la habría llamado por teléfono.
La conversación sería hueca y absurdamente larga.

A ella le gustaría pasear por esta Quinta Avenida,
jugar
a ser Pretty Woman, imaginar que se atreve
a probarse ropa carísima,
qué saben ellos si puedo pagarlo.

Le haría gracia que todo fuera igual que en las películas.
Andaría señalando con el dedo y yo
tapándoselo,
muriéndome a lo bobo de vergüenza,
sintiendo que Nueva York y mi madre
se mueven más rápido que yo.

El East Village antes era un sitio peligroso

En una esquina cualquiera,
digamos en esta Calle 5 Avenida C
una señora con un sombrero de paja
se pone un guante amarillo
y rebusca en la basura.
Selecciona con cuidado algo del fondo
lo mete en una bolsa de plástico
–otra mujer espera su turno para echar algo–
se va con su botín a cuestas
y es una más en la marea.

Si la ves dos calles más abajo
no dirías que esa mujer busca en la basura.
No podrías adivinarlo ni en cien años.
Aunque tampoco es que vayas a preguntarte nada
sobre esa mujer ni sobre nadie.
Aquí todo el mundo acarrea cosas importantes:
llevan en las manos café
maletas comida llaves libros tabaco dinero un niño
su propio
              cuerpo
                        a rastras.

Es amable la gente de Nueva York

Los extraños aquí te dicen:
Estamos encantados de servirte
Me gusta tu vestido
Que tengas un feliz día
Atrévete a saborear nuevas experiencias
Qué hermosa flor llevas en la solapa
Toma esto que se te ha caído
Te he hecho un hueco en mi armario y tienes
comida en la nevera si te entra hambre por el jet lag.
Sonríen y te dicen: Qué nombre tan bonito.
Luego te fijas y ves que lo que ha anotado
es un nombre ciertamente más bonito que el tuyo
un nombre inventado que por qué no va a ser el tuyo
si así es como él te ha visto
y así es como tú ahora te ves.

El café me despierta porque le tengo fe

Huele como los miércoles de agosto
a fruta madura aplastada en el asfalto.
Me llega una ráfaga de suciedad y especias
estoy perdida en mi metro ochenta.
Aquí puedo dar la vuelta al mundo
comiendo comidas raras
sabores de países que no sabría poner en el mapa
pero decido pararme en ti.
Parto un guisante por la mitad
y me quedo un rato mirando dentro.

En el MoMA aprendo a fluir

«El corazón no es una metáfora».
Robert Gober en el MoMA

Las aguas más quietas
son las más profundas
–me dice, me adivina–.

Los nenúfares de Monet
sin bordes ni rincones
nadan con la corriente
se desdoblan
jirones de fuego frío
disfrutan del presente
saben ser y estar.

Take a walk on the wild side

En el restaurante que solo vende hamburguesas y
[langostas
hay un cartel que dice
"Take a walk on the wild side".
En ese lado estamos.
Domesticándonos
dándonos de comer gominolas azules
empujándonos sin muchas ganas
sorteando cada uno nuestras grietas
haciendo como que nos importa
el qué dirán y cómo lo dicen.

Sola en lo alto del Empire State

Es la capital del mundo Nueva York
cúmulo de todas las ciudades
espejo de mis tus nuestras contradicciones
tiene el glamour y el asco
ratas y rascacielos
cables sueltos y diamantes
sonrisas para todos ¡venga! a todas horas.
Es la ciudad más brillante del mundo
pero sus luces no limpian las sombras,
las proyectan lejos de aquí.

Me pierdo en una galería de Chelsea

Cada uno estamos en una orilla
y en el medio
no hay nada
nada que nos una
nada que nos cruce
nada que confunda
nada.
Son frondosos cada uno de los bosques
en el tuyo veo siempre movimiento
en el mío atardece entre algas
no hay olas que estallen
no hay rocas.
Entre los dos
nadie nada.

La carne cruda o muy hecha

En esta ciudad anfibia
de repente llueve
de repente es primavera
hace un calor que derrite el asfalto
o se llega al metro y medio de nieve.
Hay que elegir una orilla.
No se puede andar a medias.

No hay sesión golfa en los teatros de Broadway

Levántense de sus asientos
la función ha terminado
recojan sus pertenencias aquí
no hay mucho más que ver.

Pero y si quiero quedarme a pesar
de las luces apagadas a pesar
de los silencios a pesar
del telón bajado a pesar
de los espejos entre bambalinas a pesar
de que ya no habrá en mi vida
órdenes del director ni guion.

Ese es el vacío que tienta,
sentirse responsable
saberse sola en la oscuridad.

La infancia no es un jardín del paraíso

Esta esquina se llama Jardín del Paraíso
tiene un sauce llorón como el que yo veía
en el colegio desde mi ventana.
Era así, tan grande como este
las ramas llegaban casi a tocar el suelo
como rindiéndose
agotado, vencido sin remedio
en medio del patio.

Este en cambio tiene mucho más orgullo.
No está cayendo, ha elegido
dejarse las ramas largas
bailar descaradamente con el viento
para que en sus hojas nunca se ponga
el sol.
Las ramas no llegan hasta abajo
no son para esconderse
no sirven de refugio
almacén ni leña.
No sirve para nada más que ser un árbol
y estar ahí plantado:
fantasmagórico
grandilocuente
despreocupado
tal y como imaginé en el colegio
que sería de yo mayor.

Luces de ciudad

Hay un banco de peces brillantes allí abajo
nosotros   sobre el puente de Brooklyn
            intermitentes
luces amarillas delante, rojas por detrás.
Te pierdo de vista entre la gente
todos tenemos frío
todos estamos buscando
algo
que poner entre
        paréntesis.

Los salmones nadan a contracorriente

Tengo desordenados los sentidos
allí donde deberían ir colocados los amores
hay un pez
que no se atreve a salir de la pecera
pez corriente que quiere ser pez volador
pez camuflado en la corriente que empuja las escamas
como niño engominado de domingo.

En el ferry a Ikea vimos la Estatua de la Libertad

Hablamos todo el rato pero no hablamos
de eso que nos duele no hablamos
de aquello que nos pierde no hablamos
del pánico a la oscuridad.
De nosotros aquí y mañana
no hablamos
qué miedo se despierta al mirarte en el espejo
qué poderes te gustaría tener de mayor
cuando pases largas horas hablando solo
solo hablando
hasta que dices: no me importa
que me rompas el corazón.

Latido por duplicado en TriBeCa

Las gotas de lluvia
en el charco de la noche
son estrellas que salpican luz.

Derecho al trono en la república

Te voy a abrir las puertas de mi planeta
puedes estar en todas partes menos ahí
sopla un poco el viento por las tardes
cuando aletean los pájaros que no pueden volar.

Hubo un tiempo en que todo quedó desabastecido
caminábamos por escombros, barrizales
evitábamos mojarnos más los pies
pero poco a poco en los charcos plantamos girasoles
allanamos los caminos
nos sentamos a la sombra.

Es una monarquía esto que hay en mi planeta
una monarquía monoelenática
una Elena sucede a otra Elena
gana la que haga más equilibrismos
la que logre tenerse un día entero
en pie.

Sobre Nueva Jersey atardece en diagonal

Un cielo violeta se sumerge en el agua
haces de luz naranja y rosa
basura de plástico
se queda en el río Hudson
flotando como nosotros
que seguimos mirando el ocaso
sin atrevernos a ir más allá.

PROHIBIDO EL PASO A TODA PERSONA AJENA A LA OBRA

Nueva York está siempre en construcción
como las personas
modificándose, buscándose las vueltas.

Es siempre ruido sobre ruido
suena a máquina, a coche, a sirena, a perro
Siempre hay en alguna parte
obreros que gritan cosas como
"aquí, este, first"
un continuo murmullo de excavadoras
y edificios que están
en lo alto altivamente mordidos.

Las nubes pasan tan rápido delante de mis ojos
que no sé cómo me quedo anclada aquí.
No se puede estar una quieta
aquí sólo se están quietas las plantas.

Aquí hay que gritar
más alto, más fuerte, más si puede
no puedes ser una más.
Es el no va más esta ciudad
pero está yendo
no pares hasta que vayas un poco más allá
venga un poco más allá.

VOY A POR TARTA DE QUESO PARA DESAYUNAR

Es mentira pero en voz alta digo
aquí vivimos nosotros.
Me pongo delante y te explico
cómo son mis vísceras
dónde puedo caminar descalza
éstas son mis uñas
ahí duele.
No sé cuándo acaba el cuento de hadas.
Espero
¿hasta qué?

Cada dos manzanas hay un Starbucks

El perro se queda mirando
fijamente la puerta;
la calle no conduce a ningún lugar
es un final muerto, anuncia.
No hay nada que hacer.
Pero el perro sigue mirando
obstinadamente la puerta
y tensa las patas delanteras
para hacer más presión.
Si tiras de su cuello alarga el hocico
quiere saber lo que hay
al otro lado de la puerta.

No veo por qué llegados a este punto
no vamos a decirnos toda la verdad
por ejemplo que te quise y que te quiero
a veces. Pero no siempre.
No todo el rato
no hasta la médula
no para no poder parar de dibujar corazones.

Si se abre la puerta, podría escapar.

Nadie te mira en Chinatown

Nadie te mira en Chinatown
no te ven
no les importas
¿te importan acaso ellos a ti?

Les observas
como si no hubieras visto nunca a un chino
como si te hiciera ilusión ver a un chino en vaqueros,
a un chino fumando, a un chino
tocando ese instrumento raro, a un chino
vendiendo al por mayor.

No hay nadie jugando al fútbol
en los campos de fútbol
hay gente hablando en racimos
¿deberían invitarte a participar?
tú también eres rara sentada en un banco
escribiendo con pluma
mirando hacia fuera y no dentro de ti
evitando pensar
¿por qué no me mudo?

No nos gustamos tanto como para cambiar de país
no nos gustamos tanto como para cambiar
no nos gustamos tanto
no tanto
Aunque es una pena porque suele parecerlo

y a ratos espero que me pida
matrimonio en alta mar
aunque sé que no va a hacerlo
ni quiero que lo haga
porque tendría que decirle que sí
a pesar de que no es lo que quiero.
Lo que quiero es que un chino de estos
se acerque a hablar conmigo.

Entonces el chino se acerca
y en realidad es mexicano
me cuenta que trabajó en un restaurante
y que salió hace rato de la cárcel.
No se lo deseo a nadie, me dice
se me metió el demonio dentro
y qué iba a hacer yo
qué otra cosa podía hacer yo
si los pillé en la cama
fueron los niños los que gritaron
que no, a su madre no, ya colgada
pero al tipo lo mandé un mes al hospital
y mis hermanos mexicanos no hicieron nada
ni a traerme cigarrillos vinieron a la cárcel
sólo te puedes fiar de los boricuas
los boricuas son todos buenos
y tú qué haces aquí tan seria.

Con un poco de azúcar

Secretamente creo
que voy a encontrar cadáveres
en el armario de mi amor.
Sinceramente espero
abrir un cajón y encontrarme
algo maloliente, algo
que me diga
ya está
hasta aquí
lo pillé.
Puedo hacer las maletas y marcharme
puedo cerrar esa puerta para siempre
aislarme llorar la pérdida comprar helado
culpar a Hollywood de la equivocación.

Pero qué va, no encuentro nada
cuanto más rasco menos pica
busco ardores y encuentro bálsamos.
Si yo creyera o creyese en los príncipes
diría que este es el azul.

PRINCEPES DRACONES DUBIORUM VINCUNT

Los príncipes vencen a los dragones que dudan
ganan los que dudan de los dragones
los que hacen dudar a los mismísimos dragones
los que ganan, dudan de que haya dragones
a los príncipes que dudan les ganan los dragones
los que vencen las dudas sobre los dragones, ganan.
Príncipes que vencen a los dragones de las dudas
a las dudas de los dragones
a los dragones dudosos
ganas si no dudas
ganas y no dudas.

Sólo los turistas van a Times Square

En la ciudad de los rascacielos decido
que no me gustan los rascacielos
por soberbios, tercos y ambiciosos
como la gente de esta ciudad.

Pero son tan guapos todos
tan sonrientes, amigables, conversadores
que cómo no
sentirse feliz con este skyline de fondo
hacerse fotos sonriendo
trepar a la Estatua de la Libertad.

Es fácil perderse en Central Park

Ese hombre que pasa
puede ser de cualquier parte
podría ser español.
Se mueve
como se mueven todos los hombres
que están un poco perdidos,
mirando así   hacia allá
sin convicciones ni intermediarios
no busca nada
se deja empujar por las circunstancias
se dirige hacia el zoo
igual
va a meterse en una jaula.

Al unísono

Tendimos un puente
en medio de las nubes
bailamos con las sombras
juntos en Central Park.
Construimos un idioma
para tapar los silencios
para atajar la distancia
para salvar el océano
para que los rascacielos que veo desde tu cama
parezcan bloques de pisos de Moratalaz.

La ciudad superlativa

Hay más rubios y más negros
en todo lo demás es igual.
Más gordos y más asiáticos
más manzanas y banderas
tiendas de flores en las esquinas
montañas de bolsas de basura
más risas más sonrisas,
más prisas más silicona más altura
perros con calcetines,
más edificios en construcción.
Todo es más grande
con más azúcar
abre más horas.
¡Veinticuatro horas!
pero también aquí están de moda
los anillos de colores
que cambian según tu humor.

Sin fecha de caducidad

Nos dijimos que nos amábamos *ahora*
como si el amor fuera una cosa
que pudiera terminar así
de hoy para mañana, así
con la luz de la resaca, así
como caducan los yogures,
que todos sabemos que aguantan
un poquito más.

Cambio unicornios por rinocerontes

El rinoceronte blanco es gris en realidad
y pariente de los unicornios
el primo feo, podríamos decir.
Más gordo
          más torpe
                    muy miope
pero es el que está aquí.

Allá el unicornio en su mundo mágico,
cabalgando entre las flores
saltando de nube en nube
dejando en su trote destellos de luz.

Al rinoceronte le decimos: mira tu primo
qué guapo
          qué grácil
                    qué alegre
pero es fácil ser todo eso allí.

Baja al unicornio a la Tierra:
se convierte en rinoceronte.
Hay que tener cuatro patas gruesas
para pisar el barro del mundo real.

A veces el rinoceronte no puede
con el peso de las comparaciones
y se esfuerza por adelgazar.

Pero escucha: nunca serás un unicornio.
Eres así de feo.
          Eres hermoso.
Deja de hacer flexiones
chapotea gordo entre nosotros.

Necesitamos allí al unicornio
para colorear nuestros sueños
y aquí al rinoceronte para avanzar.

Quédate a ver los fuegos artificiales

Son solo intentos
de fabricar estrellas
desesperados.

Como si algún día hubiera estado cuerda

Se vuelve loca esta ciudad con la lluvia
la gente está rabiosa; resopla, se tropieza
ajena al cielo en cada charco.

La mitad anda con paraguas
y la otra mitad no,
van mojándose y les importa
algunas caminan con tacones
y sin medias
nunca he sido ese tipo de mujer.

La lluvia trae la imagen de una amiga mía
que mañana hace casi veinte años
se iba a suicidar y lo celebraba
no con orgullo pero lo celebraba
no que estaba viva sino que
había tenido la valentía
la idea de suicidarse una vez
allá cuando éramos jóvenes y todo era un drama
todo era bárbaro y nos importaba una barbaridad.

Ahora solo importan la lluvia y sus dramas
pero ya no llueve como antes ni escampa.
Será que vamos haciéndonos mayores
será que ahora guardamos rencor.

Pintando con los dedos

Alguien se ha olvidado de cerrar el arco iris
y está goteando
lo está dejando todo
perdido de colores
este mundo en blanco y negro mío
se fuga, se derrama
intenta escaparse
filtrarse por rendijas
rezuma luces líquidas
este cielo al envejecer.

Partes la madrugada por la mitad

Me quitas la mano de mi mano
me desenchufas de los sueños y entonces
me entra hambre
insomnio
ganas de ir al baño.
Miro por la ventana
no da ninguna parte
es solo un reflejo de luz
no un espejo
ni un espejismo.

Tu vida no es un musical

No va a ser todo tan excitante
no habrá siempre purpurina.
Habrá que poner lavadoras
pasear al perro muy temprano
ir de compras un domingo
mientras cae la noche fuera.

En el aeropuerto JFK

Se me han llenado los ojos de lágrimas
pero no se me ha caído ninguna.
Me pesa el cuerpo ahora
como si guardara un secreto importante.

Dije que este iba a ser
mi último viaje a Nueva York.
No llegaré a verte tan enfadado
como para tener que llenarte de besos.

En la cartera guardo tres billetes
de un dólar y dos de cinco
propinas por si necesito venir a ver
cómo termina la película.

TÓCALA OTRA VEZ, SAM

Ya que te pones a vivir una historia de película, que todo lo parezca: busca un protagonista guapo y que hable idiomas, una chica de provincias que llega a la gran ciudad, pon un beso frente al atardecer. No hay quien se crea ya los besos bajo la lluvia en mitad de la noche.

Los interiores, en un apartamento del barrio más cool de Manhattan, que tenga azotea con vistas a los rascacielos, una ristra de bombillas pequeñas y escalera de incendios. Que suban un día a ver amanecer. Para que luzcan los exteriores tienes Nueva York entero, al que vamos a quitarle el frío de noviembre; sí, mejor que haga sol.

Que la película sea un poco cómica: desenfoca la expresión desconcertada de la chica cuando la recibe en el aeropuerto con palmaditas en la espalda después de haberse cruzado el océano por él. Dale un toque exótico: unos compañeros de piso fantasmas, una mulata enorme preguntando a los transeúntes si esa estatua de un mono debería tener cola, que el taxista que surfee en el atasco sea un discreto pakistaní.

Ponles a hablar todo el rato de cosas interesantes: de literatura, de viajes, de cine, de arte... pero no te pases: que coman hamburguesas con las manos y se manchen, que él meta la pata diciendo algo inconveniente, que ella haga lo mismo pero en un charco, que haya malentendidos, que la familia de él se meta por medio, que se asuste, que se asuste.

Que todo el mundo parezca obsesionado con las citas y con el matrimonio: esto se tiene que parecer a las series de televisión. Que paseen de la mano por la orilla del East River, que bailen con sus sombras en un parque anochecido, que se queden abrazados en un barco mirando la Estatua de la Libertad.

Métela a ella cuatro horas en el MoMA, a ver qué pasa: unos cuadros de esos que son todo rayajos, piernas saliendo de las paredes, vídeos de viajes a ninguna parte, una escultura llena de pinchos, jardines atestados de flores, bodegones de cosas que no llevarse a la boca, perseguidores que corren más que sus perseguidos, música de marcianitos. Que todo parezcan pistas: un vestido de novia petrificado, «El vértigo de Eros» fotografiado, primer plano del cartel que dice: «El corazón no es una metáfora». Que se quede extasiada mirando los nenúfares de Monet.

Dale una cámara de las buenas, que vaya retratando lo que ve. Que la sorprenda un desfile de veteranos de guerra en la Quinta Avenida, con su *majorettes* y su banda de música. Detente en el escaparate de Tiffanys aunque no haya cruasanes, que sienta el vértigo de luces de Times Square. Cuando vaya a Central Park, que suene un saxo a lo lejos mientras se come un perrito caliente apoyada en un árbol. Le gustan los tejados, súbela al Empire State. Que no vaya a Harlem, no es una turista cualquiera, aléjala del Bronx. Pero asegúrate de que cruce caminando el puente de Brooklyn entre la niebla, de que se pierda un poco por Chinatown.

Llévalos al final de nuevo al aeropuerto, pero no quiero dramas. Ni lágrimas ni abrazos eternos ni promesas. Que sonrían mucho y en la distancia levanten la mano diciendo «hasta luego», como si fuera seguro que van a volverse a ver.

POR AQUÍ PERO CON LA CABEZA ALLÍ

Recién aterrizada

Bebo agua de Nueva York.
Sabe igual que la de Madrid.
Cuando lleva un rato en mi botella,
a lata.

Me sorprende que la gente hable mi idioma

I

Tengo una pegatina que dice
que mi equipaje ha llegado a destino.
Es decir: que aquí,
con todas mis cosas,
estoy yo.
En casa
más pesada de recuerdos
más ligera de pasiones
más dentro ahora de mí.

II

Nunca he deshecho más rápido una maleta.
Es como si quisiera borrar las huellas del viaje
apresurarme a regresar a mi rutina
en la que nunca has estado tú.
Pero muevo un brazo y huelo a ti
incluso después de la ducha,
la lavadora y el cambio horario.
Tu presencia es cabezota:
la ropa tendida viene y va.

III

Sienta bien ponerle nombre a las cosas
definirlas, asignarles
un contorno y un color.
Digo: esto es insomnio
no es solo que no pueda dormir.
Si pudiera
que me quiten lo bailado
otra vez
la semana de ensueño
y la otra aterrizando
los besos que me diste
y los que no me puedes dar.
Que me los quiten
que se atrevan a quitármelos.

La realidad supera la ficción

En las películas resuelven mejor este tipo de asuntos.

Siempre hay beso cuando sobreviene un silencio
y el chico y la chica se miran,
se sonríen y están cerca, cada vez más cerca.
Nadie tiene miedo de lo que pueda pasar después.

A ella siempre se le ocurre una frase fulminante
que deja paralizado al malo de la película
mientras huye hacia la secuencia final, triunfal y
[victoriosa.

Y cuando ella se encuentra con su ex
sabe perfectamente qué decirle,
qué sonrisa escoger,
cómo taladrarle con la mirada
si lleva colgando una nueva novia
con la que –oh, sí– parece
que sabrá mantener una relación seria.

Normal que la vida sea más fácil en las películas
las puñaladas no duelen
la sangre es de mentira
los actores saben lo que va a pasar después
las cámaras enfocan siempre al lugar adecuado
un ejército de guionistas se encarga
de llenar los silencios.

Hecha añicos

De pequeña me decían
que no recogiera los cristales.
Que te cortas, aparta, me decían.
Yo solía echarme a un lado
me quedaba mirando cómo no
se clavaban
los cristales en los dedos de los otros.
Eran los adultos. Eran mayores.
Ahora no hay mayores en esta cocina
y no sé qué hacer con los escombros
del corazón
que se me ha roto entre las manos.

Me quiere, no me quiere

Sé que no hay certezas
pero no puedo dejar de buscarlas.
Quiero caminar sabiendo
que no voy a pisar un charco
y que si lo piso,
no voy a mojarme
y que si me mojo,
me secaré rápido,
que no va a ser para tanto
que habrá algún sitio seco
para ver salir el sol.

Este tumulto domesticado

Meto mis ilusiones en la maleta
una y otra vez.
Unas viajan conmigo
y se vuelven intactas;
otras se arrugan de tanto estar
colgadas
y aun así vienen con pelos y tu olor.
Las que vuelven saben diferente
aquí a solas
están rígidas, quedan grandes
no hay flores que adornen
lo que podría haber sido y no es.

NUNCA QUISE UNA RELACIÓN A DISTANCIA

La distancia es un problema
pero el problema no es la distancia
lo dice todo el mundo
si quieres puedes
querer es poder
puedo porque quiero
si quiero puedo
y ahí apareces tú
sonriente triunfante ganador
de todas las batallas
en las que he podido meterte
es tan fácil esconderse en este amor.

Global forever stamps

Me escribes una carta
pegas un sello que no caduca
Global forever stamp:
siempre en todas partes
o apartados para siempre.

La Tierra es redonda,
sigue andando y llegarás
a lo que quieres.

No es por ti, es por mí

Me miras de lejos
para verme mejor.
Te miro de lejos
para verme mejor.

Por la escalera de incendios suben los ladrones

No te ha pasado nada
respira
tranquila
aquí y ahora estás bien. Créeme,
acabas de evitar tantas desgracias:
caídas atropellos robos peleas disparos que están
[sucediendo
no muy lejos de ti.
A ti solo
se te cae la casa encima cada domingo
andas entre cascotes para ir a trabajar
te arde a todas horas el cuerpo entero
y tu edificio es de los pocos
que no tiene escalera de incendios.

No puedo dejar de intentarlo

Veo en el menú pollo con sésamo y sé
que eso es todo lo que quiero.
Lo pido porque te encanta,
a mí no me gusta el sésamo
pero estás a océanos de distancia
y masticarlo es reivindicarte
como parte de mí.

Exótica rutina

La última vez que fui a Nueva York
me dije que sería mi último viaje a Nueva York
que no me iba de allí sin una respuesta.
Durante 17 días estuve recopilando certezas
–me sirve no me sirve–
y me volví con una propuesta y más preguntas.

Todos los días sembrando inquietudes
las recolectaba sin estar maduras
las ponía al sol y me quedaba mirándolas
esperando verlas cambiar de color
–me sirve, no me sirve–
tiene buena pinta, está podrida.

Son frutas exóticas, sacadas de contexto
no sé cómo aliñarlas
no sé si alimentan
pero aquí estamos comiéndolas cada día.

Qué hacer cuando se me acaben los lápices de colores

Se terminarán gastando
de tanto sacarles punta
de tanto pintarlo todo
de andar buscando el brillo
vivo tropezándome
levantando polvo y virutas
a nuestro alrededor.

Spoiler

Hace ahora cuatro años
yo, Fulanita de Tal,
estaba en un taxi amarillo preguntándome
por qué había cruzado el océano.

Hubo entonces una mano
que se deslizó a lo tonto entre las suyas
y ahí se quedó, convocando
la mirada, la sonrisa, el beso
repentino,
torpe, deslucido, incómodo
como los de ahora
cuando vamos corriendo a trabajar.

CONTINUARÁ...

Estas cosas no solo pasan en las películas. También en la vida real a veces te sacan a bailar. En un parque, sobre el césped, detrás de un violinista que desafina. La vida real se convierte a ratos en un mundo azucarado, en el que todos los camareros son amables y sobre el asfalto flotan pompas de jabón redondas como vuestros sueños. Como vuestros sueños estallan, dejando en el aire un arcoíris efímero. Es lo que esperáis de vuestra relación, que se rompa de un momento a otro. Por eso os empeñáis en encontrar fisuras, en poneros a prueba, pero no se os da bien romper. Cada descubrimiento es un reconocimiento. Pedisteis volver a veros y aquí estáis: viviendo sin cansaros todas las horas juntos.

Lo que es distinto es la despedida en el aeropuerto: nos han mentido las películas románticas. No es posible convencer a las azafatas para detener el avión. Ni siquiera llegar a la puerta de embarque, la de los ventanales con aviones de fondo, que es más fotogénica. La despedida es mucho antes, en el control de seguridad, ante un montón de cintas y cubos de basura, en el momento de tirar los líquidos. A lo lejos ves a tu amado vaciando bolsillos, quitándose cinturón, reloj y botas, deshaciendo la maleta para sacar el portátil. Esa es la última imagen de la película: descalzo, brazos en alto, haciendo cola. A descubierto, puede abrirse paso el corazón.

ÍNDICE

Este libro comenzó a escribirse sobre el cielo de Atenas
y acabó negro sobre blanco por las calles de Madrid.

ÚLTIMOS TÍTULOS DE LA COLECCIÓN ALCALIMA

199. *Rotura*, Fran Garcerá
200. *República*, Jorge Ortiz Robla
201. *Las esquinas de la Luna*, Luisa Miñana
202. *Postludio*, Miguel Ángel Yusta
203. *Los abrazos del mar / Os abrazos do mar*, Montserrat Villar
204. *Fábulas del perro viejo*, Agustín Calvo Galán
205. *Virtudes de la inercia*, Miguel Ángel Real
206. *Diarios del año de las moscas*, Alicia Louzao
207. *Morir en Iguazú*, Javier Díaz Gil
208. *Ser raíz*, Begoña Regueiro Salgado
209. *Honda memoria de mí*, Carmen Conde
210. *La fórcola*, Fernando Sarría
211. *El empeño del manantial*, Jorge Riechmann
212. *La lengua de mi madre*, Miguel Veyrat
213. *La serena estrategia de la luz*, Luis Ramos de la Torre
214. *En el reino de las gatas*, Marta Vusquets
215. *Baluartes y violines*, Manuel López Azorín
216. *Érase que se es*, Olvido Andújar
217. *Cautivos*, Mario Espinoza Pino
218. *Brecha sonora y vibrante*, Manuel Broullón
219. *Ubuntu*, Montserrat Villar González
220. *Con una alita rota*, Daniel María
221. *Borrosas pieles*, JM Barbot
222. *Luz dormida*, Nieves Álvarez
223. *El vertedero (en a)*, Juana Marín
224. *Desvestir el cuerpo*, Jesús Cárdenas
225. *Libro de loas*, Antonio Oliver
226. *Ex Patria*, Marietta Franco-Bourrellier
227. *La densidad de los números*, Luis Ramos de la Torre
228. *mortal*, Jorge García Torrego

Consulta en nuestra web el catálogo completo.